RECUEIL DES USAGES

DU

CONSEIL DE PRUD'HOMMES

DE LA VILLE DE LYON

POUR LES

INDUSTRIES DE LA SOIERIE

de la PASSEMENTERIE, des TULLES, de la TEINTURE, de la CONFECTION

ET DES CUIRS ET PEAUX

LYON

IMPRIMERIE DE A. BONNAVIAT

Rue Sainte-Catherine, 13.

1891

RECUEIL DES USAGES

DU

CONSEIL DE PRUD'HOMMES

DE LA VILLE DE LYON

POUR LES

INDUSTRIES DE LA SOIERIE

de la PASSEMENTERIE, des TULLES, de la TEINTURE, de la CONFECTION

ET DES CUIRS ET PEAUX

LYON

IMPRIMERIE DE A. BONNAVIAT

Rue Sainte-Catherine, 43.

—

1891

RECUEIL DES USAGES

DU

CONSEIL DE PRUD'HOMMES

DE LA VILLE DE LYON

POUR LES

INDUSTRIES DE LA SOIERIE

de la Passementerie, des Tulles, de la Teinture, de la Confection

ET DES CUIRS ET PEAUX

1re CATÉGORIE

SOIERIE

Rapports entre Fabricants et Chefs d'atelier.

ARTICLE PREMIER.

Le Fabricant est tenu d'inscrire sur le livre du Chef d'atelier, en toutes lettres, et de répéter, en chiffres, le montant des sommes portées au compte d'argent.

Les matières peuvent n'être mentionnées qu'en chiffres, mais, en cas de surcharge, le chiffre refait est répété en lettres.

Il ne doit y avoir ni lacune ni interligne.

Pour l'argent, comme pour les matières et les échantillons, l'inscription de la date est nécessaire.

Art. 2.

Tout travail donné à un Chef d'atelier doit être accompagné d'une disposition.

Toute disposition doit être datée.

Toute disposition remise à un Chef d'atelier reste sans valeur pendant un jour, au moins, et pendant trois jours, au plus.

Art. 3.

Toute disposition remise à un Chef d'atelier pour faire le montage d'un métier donne droit, d'après les usages de la fabrique, à une somme de façon égale à dix fois le chiffre des frais occasionnés; ainsi en les supposant de 50 francs, le montant des façons à exiger est de 500 francs.

Dans le cas où cette proportion ne serait pas atteinte, le Chef d'atelier est fondé à se faire allouer la différence entre le montant de ses frais et le dixième des façons acquis par le travail effectué.

Tout temps perdu, par suite du retard apporté à la remise de la pièce, attente de trame, de dessin ou toute autre cause venant du Fabricant, est dû au Chef d'atelier.

Art. 4.

Toute modification apportée dans un montage, devra également faire une somme de façon égale à dix fois les frais occasionnés par la modification.

Il n'est dû aucun frais de montage ni de modification de montage lorsque la disposition ou à son défaut le livre, garantit au Chef d'atelier un nombre déterminé de mètres à tisser; ce qui pourrait se traduire par cette formule inscrite sur la disposition, ou à défaut de disposition, sur le livre : métier monté pour... tant de mètres. Si le nombre de mètres n'est pas atteint, la différence en sera due au Chef d'atelier.

Art. 5.

L'action en paiement des frais de montage se prescrit à l'expiration des six mois qui suivent la livraison de la dernière pièce rendue.

La prescription est encourue, même avant les six mois révolus, si les comptes ont été soldés, ou si le Chef d'atelier a disposé de son métier sans avertir le Fabricant, ou sans fournir la preuve qu'il a rencontré de sa part un refus formel de travail.

La prescription est interrompue par une citation devant le Conseil, ou bien encore s'il est prouvé que l'ouvrier a demandé son règlement de compte.

Elle ne s'applique pas aux omissions et aux erreurs de chiffres (art. 2245, 2271, c. c.)

Art. 6.

Il est défendu au Fabricant et au Chef d'atelier, sous peine de dommages intérêts, de lever une pièce pour n'importe quel motif, à moins de consentement réciproque régulièrement constaté ou de l'autorisation du Conseil.

Art. 7.

Tout Fabricant qui fait lever une pièce sans avoir rempli les conditions qui précèdent, doit au Chef d'atelier les dommages et intérêts stipulés par l'art. 1794 du c. c.

De son côté, le Chef d'atelier qui fait lever sa pièce sans motif valable, rentre dans le droit commun, comme le Fabricant dans l'article qui précède.

Article 1794 du c. c. — « Le maître peut résilier par sa
« seule volonté, le marché à forfait quoique l'ouvrage soit
« déjà commencé, en dédommageant l'entrepreneur de
« toutes ses dépenses, de tous ses travaux et de tout ce qu'il
« aurait pu gagner dans cette entreprise. »

Celui qui lève sa pièce de son autorité privée est en outre
responsable des dégâts qu'il a pu occasionner.

Si la pièce est retirée ou rendue avant d'avoir subi aucune
manipulation, l'indemnité encourue reste soumise à l'arbitrage du Conseil.

Art. 8.

Aucune pièce ne doit être levée sans que les conditions
soient arrêtées et inscrites sur le livre de l'ouvrier, faute
de quoi le Conseil appréciera.

Art. 9.

Les expertises provoquées par la mauvaise qualité des
matières ou par toute autre cause, sont faites par deux
membres du Conseil, qui se rendent sur les lieux à l'effet de
vérifier les motifs de la plainte; si elle est justifiée, ils
statuent sur la bonification qui leur paraît équitable.

L'indemnité pour temps perdu n'est due au Chef d'atelier
que dans le cas où il y a eu pour lui impossibilité de travail.

Le Chef d'atelier qui refuse la décision des arbitres et qui
fait lever sa pièce, perd ses droits à toute indemnité.

Si le refus émane du Fabricant ou si la pièce est levée en
vertu d'une décision arbitrale, l'indemnité est fixée par les
arbitres et basée, à moins de stipulations contraires, sur les
frais de montage, sur les déboursés de l'ouvrier, sur le
temps perdu résultant de l'organisation du métier ou de
l'infériorité des matières employées.

Art. 10.

Les conditions arrêtées à l'occasion du tissage d'une pièce ne sont modifiées que du consentement des deux parties. Ainsi, le Chef d'atelier ne peut exiger une augmentation de salaire au cours de son travail, si elle n'est justifiée par l'infériorité des matières ou par un changement dans la main-d'œuvre ; de son côté, le Fabricant ne peut rien changer aux conditions premières du travail, ni diminuer le prix des façons sans le consentement du Chef d'atelier.

Art. 11.

La mise en demeure est la sommation de faire cesser un préjudice causé ou présumé ; si le préjudice existe, la réparation en est laissée à l'appréciation du Conseil. Mais la mise en demeure ne peut donner un droit immédiat à une indemnité pour temps perdu en faveur du Chef d'atelier, que dans le cas où il y a pour lui impossibilité absolue de travail.

Art. 12.

Le droit de mise en demeure est réciproque ; le Fabricant peut l'exercer contre le Chef d'atelier pour retard apporté dans la confection de son travail ou pour défaut d'exécution des conditions y relatives.

Il peut également faire lever sa pièce, sans indemnité, si le Chef d'atelier ne la rend pas dans les délais fixés sur le livre.

Art. 13.

De son côté, le Chef d'atelier peut mettre en demeure le Fabricant qui lui fournit de mauvaises matières ou lui fait attendre sa pièce, sa trame, son dessin ou tout autre accessoire nécessaire à la Fabrication.

Art. 14.

Le Chef d'atelier a le droit d'assister au métrage de la pièce par lui rendue et d'en vérifier l'exactitude.

A cet effet, le Fabricant doit tenir à sa disposition, dans le local où se règlent habituellemeat les comptes, les instruments nécessaires à cette vérification.

La façon doit être calculée à raison de 100 centimètres pleins sur banque, quel que soit le mode de pliage (loi des 29 novembre, 29 janvier, 7 mars 1850).

Art. 15.

Tout Chef d'atelier qui fait des échantillons a droit à une indemnité qui, à défaut de conditions spéciales, est appréciée par le Conseil.

Art. 16.

Quelque défectueuse que soit la fabrication d'une étoffe, le Fabricant ne peut en réduire la façon de plus de moitié, sauf les cas exceptionnels déférés à l'arbitrage du Conseil.

Il ne lui est pas permis non plus de laisser pour compte au Chef d'atelier ni une pièce ni une partie de trame quelconque.

Les usiniers et les contremaîtres, étant considérés comme des entrepreneurs de travail, ne peuvent bénéficier de ces deux dernières dispositions.

Des Déchets.

Art. 17.

Le Chef d'atelier a droit, d'après les usages, à 15 grammes de tirelle par pièce. Les peignes ou fins de chaînes se rendent dans les articles armures, façonnés et unis.

Art. 18.

Le taux des déchets en usage au Conseil est fixé comme suit :

Crus, cuits, souples, couleurs.........	3 1/3 %
Noirs souples......................	4 » %
Gros noirs	4 1/2 %
Coton, marabouts et grenadines.......	3 1/3 %
Fantaisie en écheveaux (1)...........	3 1/3 %
— en fuseaux (1)......	2 » %
Laines, cordelines, fournies par le fabric^t	4 » %
— — — par l'ouvrier	3 » %

Art. 19.

Le taux des avances et des soldes de matières en usage au Conseil est fixé ainsi :

Crus, cuits, souples, couleurs.	5 fr.	»	les 100 gr.
Souples noirs et gros noirs....	4	»	—
Marabouts et grenadines.....	6	»	—
Coton fin extra.............	1	»	—
— ordinaire............	0	50	—
Fantaisie, laine.............	1	»	—

Les déchets des étoffes mélangées se règlent d'après la proportion des diverses matières employées.

Art. 20.

Le Conseil admet les dérogations à l'article qui précède lorsqu'elles sont justifiées par les usages d'une maison et réciproquement appliquées.

(1) En général, ce tarif pour la fantaisie n'est pas applicable aux usiniers qui tissent mécaniquement le foulard ; l'usage d'un grand nombre de fabricants qui les occupent est de balancer simplement les comptes.

Art. 21.

Aucune réclamation du Chef d'atelier, relative aux tirelles et déchets, n'est admise, si, par le fait d'un règlement ou d'une inscription antérieure, les conditions ont été suffisamment définies.

Art. 22.

Lorsque les avances du Chef d'atelier dépassent les 3/4 de la somme de ses déchets, le Fabricant n'est pas tenu de lui payer l'excédent; d'un autre côté, si le solde dépasse le total des déchets alloués, une somme égale au montant de ces déchets doit être payée au prix ordinaire, et l'excédent au prix de revient. Exemple : un Chef d'atelier, avec 100 grammes de déchets, a un solde de 200 grammes; il doit payer 100 grammes au prix ordinaire et 100 grammes au prix de revient des matières.

Art. 23.

Prix des montages des métiers façonnés.

Empoutage, pendage, dépendage, appareillage bouclé	0 fr. 90 c.	le 1,000	
Appareillage sur nœuds	1	25	—
Colletage	0	40	le 100
Décolletage	0	25	—
Remettage à corps, tout suivi, envergeage compris...................	1	»	le 1,000
Remettage à corps et lisses, chaque passée......................	1	»	la portée
Remettage à corps et lisses, et à disposition amalgamée..............	1	50	le 1,000
Remettage à tours anglais, envergeage compris......................	1	»	—

Remettage de la lisse anglaise dite
culotte........................... 0 fr. 25 c. la portée
Passage de tringles sur métier monté. 1 » le 1,000
— — en montant le métier. 0 50 —

Cantres.

Appondage de cantres, encantrage com-
pris, de 1 à 4 fils à la bobine. 7 fr. » le 1,000 de fils.
De 5 à 10 fils à la bobine...... 5 » —

Le décantrage, envergeage compris, se paye moitié prix
de l'encantrage.

Perte résultant du démontage des métiers.

Arcades grande largeur, dépréciation : moitié de leur valeur.
— moyenne — — tiers —
— petite — — quart —
Maillons, dépréciation du regarnissage, le 1,000 2 fr. 50 c.
Peigne neuf, dépréciation : moitié du coût.
— vieux, valeur moyenne de l'échange, soit 1 50
Pliage de tous genres, prix déboursé.
Tordage ordinaire, nourriture non comprise,
la portée................................. 0 01 2/3
Tordage grenadine et drapage............... 0 03

Art. 24.

Unis.

Lissage soie, déchet compris, la portée....... 0 fr. 20 c.
— coton, — — 0 17 1/2
Remettage suivi, tout à lisses, nourriture et
purgeage compris chez le Chef d'atelier, la
portée................................... 0 10

Remettage fait chez la remetteuse, la portée... 0 fr. 07 1/2
   — à disposition ou amalgamé (sans les frais de nourriture et de purgeage) chez le Chef d'atelier, la portée 0   07 1/2

Même remettage fait chez la remetteuse, la portée 0   10 c.

Ces derniers prix peuvent être augmentés suivant les difficultés des remettages.

Remettage à lisses, tour anglais, chez la remetteuse, la portée 0   10

Remettage des lisses anglaises.............. 0   20

Fausses lisses en soie, les 100 dents.......... 0   15

   — coton,   — 0   12

Purgeur, nourriture comprise, la journée 3   50

Piquage de peignes.

Largeur de 40 à 60 cent.,	de 30 à 70 dents.	1 fr. » c.
— 40 à 60 »	de 70 à 100 »	1 25
— 60 à 80 »	de 30 à 70 »	1 50
— 60 à 80 »	de 70 à 100 »	1 75
— 80 et au-dessus,	de 30 à 70 »	2 »
— 80 et au-dessus,	de 70 à 100 »	2 75

Ajustage.

Les frais d'ajustage des métiers et des mécaniques à broches sont réglés d'après l'importance du travail.

La nourriture des personnes employées par le Chef d'atelier aux diverses opérations du montage est fixée à 2 francs la journée.

Droits et devoirs réciproques du Patron et de l'Ouvrier.

Art. 25.

A défaut de conditions spéciales, le Chef d'atelier doit à l'ouvrier la moitié de la façon qui lui est comptée par le Fabricant. Il est fait exception pour les velours unis, pour lesquels il est d'usage de payer, en plus de la moitié de la façon, un minimum de 3 centimes par portée de poil.

Art. 26.

Les comptes entre patrons et ouvriers doivent se régler à la fin de chaque pièce ou de chaque coupe.

Le prix du travail est dû en argent comptant (art. 1243, c. c.).

Art. 27.

Le Chef d'atelier doit fournir à l'ouvrier le métier monté et tous les accessoires nécessaires à la confection de l'étoffe. Il ne lui doit ni éclairage, ni logement, ni aucune nourriture.

Art. 28.

L'ouvrier doit payer la moitié du salaire aux personnes employées comme auxiliaires à confection de l'étoffe, tels que lanceurs, tireurs de fer et remondeuses.

Il ne doit supporter que la moitié des rabais faits par le Fabricant, pour défaut de fabrication, tâches, etc., à moins de cas exceptionnels soumis à l'appréciation du Conseil.

Art. 29.

Une indemnité est due à l'ouvrier, si la perte de temps provient du fait du patron ou de promesses faites par lui, régulièrement constatées. Elle ne serait pas due si l'empêchement résultait d'un cas fortuit ou de force majeure (art. 139, c. de Prud'hommes).

Dans le cas où une indemnité pour temps perdu est obtenue du Fabricant, il en revient la moitié à l'ouvrier qui est resté à la disposition du Chef d'atelier.

Art. 30.

L'ouvrier dont on lève la pièce a droit à une indemnité qui peut varier de un à six jours de travail (art. 1794, c. c.).

Art. 31.

En cas de mauvaise fabrication, le patron peut renvoyer immédiatement son ouvrier; néanmoins, celui-ci conserve son recours devant le Conseil.

Art. 32.

L'ouvrier qui s'absente un jour entier sans avoir prévenu son patron ou sans cause légitime, peut être renvoyé immédiatement; dans ce cas, le maître et l'ouvrier n'ont droit à aucune indemnité de huitaine.

Art. 33.

L'indemnité de huitaine est fixée en raison du salaire.

Art. 34.

La huitaine est de six jours.

Elle est de quinze jours pour les employés qui sont engagés au mois; elle est d'un mois pour ceux engagés à l'année, sauf les exceptions en vigueur dans certaines industries et régulièrement constatées.

Art. 35.

Les dévideuses, ourdisseuses et autres personnes nourries chez le patron, qui le quittent sans avoir donné congé, lui doivent le gage ou le salaire de la huitaine; si ce sont elles, au contraire, qui sont renvoyées sans avertissement, elles ont droit au double du gage ou du salaire.

Art. 36.

Les personnes travaillant à la journée n'ont pas droit à la huitaine.

De l'Apprentissage.

Art. 37.

Tout Chef d'atelier qui prend un apprenti mineur à l'insu de ses parents ou de son tuteur n'a droit à aucune espèce d'indemnité si l'apprenti lui est réclamé par ces derniers dès qu'ils apprennent sa présence dans l'atelier.

L'indemnité est due au Chef d'atelier s'il est prouvé que les parents, sans avoir eux-mêmes placé leur enfant, ont eu connaissance du fait et n'ont élevé aucune réclamation.

Art. 38.

Tout contrat d'apprentissage peut être établi par acte public ou par acte sous seing privé et même verbalement (loi du 22 février 1851, art. 2).

Néanmoins, l'absence d'acte authentique ne prive pas le Chef d'atelier de son droit à une indemnité si l'apprenti ne remplit pas ses devoirs; mais alors, en cas de contestation, cette indemnité est appréciée par le Conseil.

Art. 39.

Toutes les stipulations insérées dans un contrat d'apprentissage sont respectées par le Conseil, à moins qu'elles ne soient abusives et contraires à la loi.

ART. 40.

Les deux premiers mois de l'apprentissage sont considérés comme un temps d'essai pendant lequel le contrat peut être annulé, sans indemnité, par la volonté de l'une des parties.

Néanmoins, si le Chef d'atelier a nourri l'apprenti, il a droit au remboursement de la nourriture, dont le chiffre est habituellement fixé par le Conseil (art. 14, d°).

ART. 41.

Après l'expiration des deux premiers mois et pendant tout le cours de l'apprentissage, le Chef d'atelier qui renvoie son apprenti doit en prévenir les parents; s'il néglige de le faire et s'il ne justifie de motifs légitimes, non seulement il perd tous ses droits, mais il peut, dans certains cas, être passible d'une indemnité.

ART. 42.

Lorsque l'apprenti ne fait pas son devoir, le Chef d'atelier est tenu d'en avertir les parents; si ceux-ci n'usent pas de leur autorité ou si l'élève n'en tient pas compte, le patron doit le faire mettre sous la surveillance du Conseil.

Le Chef d'atelier qui, bien que fondé à se plaindre, renvoie son apprenti sans se conformer à ces prescriptions, non seulement perd ses droits, mais peut être passible d'une indemnité envers l'apprenti.

ART. 43.

Les parents ou tuteurs d'apprentis qui ont à se plaindre des patrons pour quelque motif que ce soit, tels que

mauvais traitements, insuffisance de nourriture, excès de
tâche ou de travail, etc., doivent en référer au Conseil, sous
peine d'être passibles d'une indemnité dans le cas où l'apprenti serait retiré.

Art. 44.

En cas de mauvais traitements infligés à l'apprenti par le
patron ou toute autre personne à son service, le contrat peut
être résilié sans indemnité.

Art. 45.

Le patron qui envoie sont apprenti travailler chez un autre
Chef d'atelier sans l'autorisation des parents, perd ses droits
à l'indemnité si, pour ce motif, ces derniers refusent de
laisser continuer l'apprentissage.

Art. 46.

Le Chef d'atelier qui cesse de nourrir à ses frais son
apprenti et le règle en qualité d'ouvrier, annule par ce fait
le contrat d'apprentissage et en perd tous les bénéfices.

Art. 47.

La durée du travail effectif des apprentis âgés de moins de
14 ans ne peut pas dépasser 10 heures par jour.

Pour les apprentis âgés de 14 à 16 ans, elle n'est que de
12 heures.

Aucun travail de nuit ne peut être imposé aux apprentis
âgés de moins de 16 ans.

Est considéré comme travail de nuit tout travail fait entre
9 heures du soir et 5 heures du matin (art. 9, d°).

Art. 48.

La première partie est remplacée par l'art. 5 de la loi du 19 mai 1874, ainsi conçu :

« Les enfants âgés de moins de 16 ans, et les filles âgées « de moins de 21 ans, ne pourront être employés à aucun « travail, par leurs patrons, les dimanches et fêtes recon-« nues par la loi, même pour rangement de l'atelier. »

L'apprenti ne doit jamais sortir, ni la semaine ni le dimanche, sans la permission de ses patrons.

Art. 49.

La tâche donnée à l'apprenti doit être égale aux deux tiers de la journée moyenne, c'est-à-dire au produit de 8 heures de travail effectif. Elle ne peut lui être retirée que pour cause de mauvaise fabrication.

Art. 50.

Lorsqu'au commencement ou à la fin d'une pièce la journée n'est pas complète, la tâche de l'apprenti est réglée d'après la durée du travail. L'excédent de sa tâche lui est payé comme à un ouvrier.

Le pincetage, à la fin de chaque coupe, doit être fait par l'apprenti ; il lui est compté comme tâche, proportionnelle-ment au temps qu'il y consacre.

Art. 51.

Les tâches doivent être réglées à la fin de chaque coupe ou au moins à la fin de chaque pièce.

L'apprenti qui se met en retard de sa tâche doit au patron la façon entière de la fraction qu'il n'a pas faite.

Le Chef d'atelier qui n'a pas prévenu les parents de la négligence de l'apprenti, n'a droit qu'à l'arriéré des tâches de deux mois de travail.

Art. 52.

L'apprenti qui a sa tâche n'est tenu qu'à un voyage d'eau et de charbon par jour; en dehors de cette obligation, il ne doit pas être dérangé de son travail.

Les apprenties sont dispensées de descendre à la cave et du service du charbon.

Art. 53.

Pendant les jours de chômage, l'apprenti, à défaut de stipulation contraire, reste à la disposition du patron et doit faire tout ce qui lui est commandé de juste, pourvu que le travail soit en rapport avec ses forces et ne compromette pas sa santé.

Art. 54.

Les patrons sont tenus d'accorder aux apprentis âgés de moins de 16 ans le temps nécessaire pour apprendre à lire, écrire, compter et suivre leur instruction religieuse (art. 10, d°).

Art. 55.

La durée de l'apprentissage est de quatre ans pour les articles façonnés et armures à disposition.

Trois ans et demi pour tous les articles unis, taffetas, satin, velours et armures;

Trois ans seulement pour le dévidage et l'ourdissage. Le gage annuel donné aux apprenties dévideuses et ourdisseuses est ordinairement de 50 fr.

Art. 56.

L'apprentissage des lisseuses est de trois ans; la tâche est de vingt portées; l'excédent des tâches se règle par moitié.

Art. 57.

L'apprentissage des remetteuses pour tous les articles à lisses est de trois ans; le cinquième du travail fait par l'apprentie lui est attribué comme gage.

Art. 58.

Pour le montage des métiers façonnés, l'apprentissage est de quatre ans lorsque les apprentis sont nourris par le patron; ils reçoivent pour salaires 10 centimes par mille la première année, 15 et 20 centimes les suivantes.

Tout apprenti est tenu de remplacer, à la fin de l'apprentissage, le temps qu'il n'a pu employer par suite de maladie ou d'absence ayant duré plus de quinze jours.

Art. 59.

L'apprentissage terminé, le patron doit délivrer à son apprenti un congé d'acquit, au moyen duquel celui-ci peut se pourvoir d'un livret.

Art. 60.

Dans aucun cas, le livret d'un mineur ne peut être chargé d'une dette contractée pendant l'apprentissage.

L'action du maître contre l'apprenti se prescrit par un an (art. 2272, c. c.).

Dévidage.

Art. 61.

Les comptes entre Chefs d'atelier et dévideuses doivent être établis comme les comptes entre Chefs d'atelier et Fabricants; si le poids des roquets pleins ne balance pas, au déchet près, le poids des roquets vides et de la soie donnée, la dévideuse est responsable du solde et en doit le prix au Chef d'atelier.

Art. 62.

Le Chef d'atelier qui remplace le compte régulier par des étiquettes ne peut, pour cause de solde, retenir à la dévideuse partie ou totalité de son salaire, sauf le cas où il sera prouvé que le solde provient d'un mélange ou d'un détournement de soie.

Tableau des Tâches d'Apprentis

Pour les Etoffes unies, Taffetas, Satins, Velours unis
Velours frisés et Velours coupés.

Gros de Naples, simples ou doubles.

Compte de Chaînes	Largeur	Réductions	Tâches	Observations
40 à 50	40 à 50c	100 à 120	3m25c	
—	—	70 à 90	3 50	
60 à 80	—	80 à 100	3 25	

Ecossais.

Compte de Chaînes	Largeur	Réductions	Tâches	Observations
40 à 50	40 à 50c	100 à 120	3 »	
—	—	70 à 90	3 25	
60 à 80	—	80 à 100	3 »	
—	—	40 à 60	3 25	

Poult de soie. — Taffetas noirs ou couleurs.

(Le gros d'Ecosse est assimilé aux Taffetas.)

Compte de Chaînes	Largeur	Réductions	Tâches	Observations
60 à 80	40 à 50c	40 à 60	3 50	
—	60 à 70	100 à 120	3 »	tramé cuit
—	—	—	3 25	— souple
—	—	60 à 90	3 25	— cuit
—	—	—	3 50	— souple
90, 100, 110	—	100 à 120	2 75	— cuit
—	—	—	3 »	— souple
—	—	90 à 100	3 »	— cuit
—	—	80 à 90	3 25	— souple
120 à 130	—	100 à 120	2 50	— cuit
—	—	—	2 75	— souple
80 à 100	80	—	2 50	— cuit
—	—	—	2 75	— souple
90 à 100	90	—	2 50	— cuit
—	—	—	2 75	— souple
100 à 110	100	—	2 25	— cuit
—	—	—	2 50	— souple
—	—	90 à 100	2 50	— cuit
—	—	—	2 75	— souple
120, 130, 140	80	100 à 110	2 25	— cuit
—	—	—	2 50	— souple
—	100 à 120	90 à 120	2 »	— cuit
—	—	—	2 25	— souple
150 à 180	120 à 130	—	1 75	— cuit
—	—	—	2 »	— souple
200 à 250	120 à 140	—	1 50	— cuit

Parapluies et Ombrelles, Ombrelles double pièce, Taffetas, Moire antique, Moire ronde, Compensateur.

Compte de Chaînes	Largeur	Réductions	Tâches	Observations
40 à 50	50 à 60ᶜ	90 à 120	3ᵐ25ᶜ	tramé cuit
60 à 70	60 à 70	—	3 »	ou souple.
60 à 80	60 à 80	—	2 50	
60 à 70	60 à 70	60 à 80	3 50	
—	—	40 à 50	3 75	
80 à 100	—	60 à 80	3 30	
—	—	40 à 50	3 50	
110, 120, 130	70 à 80	40 à 60	3 25	

Jumelles.

Compte de Chaînes	Largeur	Réductions	Tâches	Observations
40 à 50	40 à 50	60 à 80	4 25	
—	—	40 à 50	4 75	
60 à 70	60 à 70	60 à 80	3 50	Les 2 côtés
—	—	40 à 60	4 »	ensemble.
80 à 100	—	60 à 70	3 50	
—	—	40 à 50	4 »	

Velours simulés. — Bourdalous.

Compte de Chaînes	Largeur	Réductions	Tâches
20 à 30	40 à 50	40 à 50	4 »
35 à 40	60 à 70	—	3 50
—	—	50 à 60	3 »

Satins pour Châles.

Compte de Chaînes	Largeur	Réductions	Tâches
300 à 350	170 à 180	80 à 100	1 25
360 à 400	190 à 200	—	1 »

Satins pour l'Apprêt.

Compte de Chaînes	Largeur	Réductions	Tâches	Observations
60 à 70	53 à 70	90 à 110	3 25	
80 à 100	—	90 à 100	3 25	La tâche est
110 à 120	—	—	3 »	de 0ᵐ25ᶜ en
130 à 140	—	90	2 75	moins dans les
160 à 180	—	80 à 90	2 25	satins pour la
220 à 250	—	80	2 »	main.

Satins pour Cravates.

Compte de Chaînes	Largeur	Réductions	Tâches
120 à 130	80 à 90	110 à 120	2 50
140 à 180	—	100 à 110	2 25
200 à 250	—	—	2 »
—	100 à 120	—	1 75

Velours frisés unis.

Compte de Chaînes	Largeur	Réductions	Tâches	Observations
12 à 16 portées poil	16 à 18 fers	4 coups au fer	2^{m}50^c	
—	20 à 22	—	2 25	
18 à 20	16 à 18	—	2 »	
—	20 à 22	—	1 75	
16 à 18	28 à 30	2 —	1 50	
—	32 à 34 .	—	1 25	

Velours frisés en 60 centimètres pour Gilets.

12 à 16	16 à 18 fers	4 coups au fer	2 25
—	20 à 22	—	2 »
18 à 20	16 à 18	—	1 75
—	20 à 22	—	1 50
16 à 18	28 à 30	2 —	1 25
—	32 à 34	—	1 »

Velours coupés unis.

20 et 22 portées poil cru simple, en 53^c, 64 et 66 fers
tramé coton et cru...................... 0^{m}60^c

22 portées doubles
25 — simple en 53^c et au-dessous, 64 et 66 fers
30 — — tramé coton et cru.......... 0 55

25	—	cuit	en 53^c et au-dessous, 64 et	
30	—	— et souple	66 fers, tramé soie ou coton	0 50
25	—	60^c, tramé cru, souple, cuit ou coton.		0 50
27 1/2	—	65	— — —	0 50
30	—	70	— — —	0 45
30	—	75	— — —	0 45
30	—	80	— — —	0 40
30	—	85	— — —	0 40
30	—	90	— — —	0 35
30	—	95	— — —	0 35
30	—	100	— — —	0 30

La tâche est augmentée sur les largeurs au-dessus de
100 cent., parce que deux personnes sont nécessaires pour
la fabrication de ces velours.

N. B. — Le pincetage à la fin de chaque coupe, étant
indispensable à la fabrication d'une étoffe, doit être compté
à l'apprenti proportionnellement au temps qu'il y consacre.

Art. 63.

Ourdissage.

Le Fabricant pour lequel une ourdisseuse travaille exclusivement ne peut lui supprimer.tout ou partie de son ouvrage, pour le donner à une aut. e ourdisseuse, sans avoir prévenu la première trois mois à l'avance, à moins de circonstances exceptionnellement graves.

De son côté, l'ourdisseuse est assujettie à la même obligation vis-à-vis du Fabricant.

Art. 64.

Mouliniers et Fabricants.

Les rapports entre Mouliniers et Fabricants se règlent suivant la grande ou la petite façon.

On appelle grande façon le mode de travail d'après lequel le Moulinier est tenu de payer le déchet. Le prix de la façon, ainsi que celui de la soie, doit être inscrit sur le livre d'ouvraison.

A défaut d'inscription, le taux du déchet est réglé d'après la facture.

Dans le travail à petite façon, le Fabricant supporte le déchet quel qu'il soit, mais alors le Moulinier est obligé de rendre la bourre.

2me CATÉGORIE

SECTION DE LA PASSEMENTERIE

Rapports entre Fabricants et Chefs d'ateliers.

ARTICLE PREMIER.

Tout chargement doit se faire sans interruption et au prix marqué sur le livre, sauf le cas de mauvaises matières.

Dans ce dernier cas, si le chargement est relevé et non remplacé, une indemnité sera due pour les frais d'organisation et le travail restant à faire.

ART. 2.

En principe, les frais de montage doivent être couverts par une somme de façon suffisante; en cas de difficulté, le Conseil appréciera.

ART. 3.

Les journées d'échantillons seront payées 10 francs pour les métiers à la barre, et 6 francs pour les métiers à la main, à moins d'accords contraires.

Les journées d'attente, après mise en demeure, seront payées 8 francs à la barre et 5 francs à la main.

ART. 4.

Le dévidage est à la charge du Fabricant.

ART. 5.

Les tarifs établis conventionnellement entre les Fabricants, Chefs d'atelier et ouvriers, serviront de base au Conseil.

Rapports entre Chefs d'atelier et Ouvriers.

Art. 6.

Lorsque l'ouvrier fera lui-même son montage, il lui sera alloué une journée de 4 francs.

Art. 7.

Le Chef d'atelier doit à l'ouvrier la moitié de la façon pour les métiers à la barre, et les deux tiers pour les métiers à la main.

Il est tenu de régler les façons sur le vu du livre de magasin.

Art. 8.

Tout Chef d'atelier engageant un ouvrier est tenu de le prévenir immédiatement des conditions du travail.

Art. 9.

Les ouvriers chenilleurs seront régis par les mêmes usages que les ouvriers à la barre.

Pour les pertes de temps résultant de l'entretien ou des modifications à leurs machines, ils seront payés à raison de 50 centimes l'heure.

Règlement des Tâches d'apprentis.

Bouillonnage. — Tordage :

12 lignes...........	270 grammes
18 —	400 —
24 —	450 —
36 —	600 —

Cannetillage : 1,000 grammes.

Frangeage : de 15 à 20 mètres, suivant le nombre de bouillons au mètre.

Battage : 500 grammes dans une heure quinze minutes. Le fait ne doit se produire qu'une seule fois dans la journée,

SECTION DE GUIMPERIE-FILEURS D'OR

Rapports entre Fabricants et Chefs d'atelier.

Tout Fabricant qui donne une note de Commission à un Chef d'atelier, doit lui remettre toutes les marchandises nécessaires, afin que la commission puisse s'achever ; dans le cas contraire il lui doit une indemnité pour perte de temps, et réciproquement en faveur du Fabricant si le Chef d'atelier ne remplit pas ses engagements.

L'article premier des Usages de la Soierie est applicable à cette section.

Rapports entre Chefs d'atelier et Ouvriers.

Huitaine.

La huitaine n'est obligatoire que pour celui qui la donne ; ce'ui qui la reçoit peut, à son gré, en arrêter l'exécution ; c'est-à-dire que le patron qui a reçu congé de son ouvrier peut le renvoyer soit immédiatement, soit dans le cours de la huitaine. Ce droit est réciproque pour l'ouvrier qui a reçu congé du patron.

Les articles 32, 33, 34 et 36 des Usages de la Soierie sont applicables à cette section.

Apprentissage.

Les articles 37 à 49, 53, 54 (2ᵉ paragraphe), 58, 59 et 60 concernant l'apprentissage de la Soierie, sont également applicables à cette section.

3me CATÉGORIE

TULLES

La Catégorie des Tulles reconnaît que tous les usages qui précèdent existent également dans l'industrie des tulles, sauf les modifications et additions suivantes aux articles visés ci-après.

ARTICLE PREMIER.

En tulle, le remettage est remplacé par l'enfilage.

ART. 2.

Pour les tulles, jusqu'ici aucun usage n'a réglé la position du Chef d'atelier vis-à-vis du Fabricant pour les frais de montage. Chaque fois que celui-ci fait monter un métier, il convient avec le Chef d'atelier des conditions auxquelles a lieu ce montage. — A défaut de conventions et en cas de contestations, le Conseil apprécie.

ART. 3.

Dans tous les articles où le mot *pièce* est employé pour les étoffes tissées, il doit être remplacé, en tulle, par le mot *chaîne;* ce que l'on appelle coupe en étoffe tissée est ce qui, en tulle bobin, représente soit une coupe, soit un bobinage.

Déchets.

ART. 4.

En tulle bobin, si la coupe est rendue après le défilage des diverses lèzes qui la composent, l'ouvrier a le droit de rendre la soie de ce défilage et de le faire peser avec sa coupe, à moins que le poids des fils donnés pour cet usage n'ait pas été porté sur son livre. — Pour les tulles à la chaîne, il n'y a lieu ni à solde ni à avance, l'ouvrier n'ayant qu'à mailler une chaîne ourdie. Pour les articles à cantre ou tramés, le déchet jusqu'ici s'est traité à l'amiable.

Art. 5.

En tulle bobin, l'usage a consacré les déchets suivants :

Malines ou zéphyr, chaîne et trame cuites..... 3 %
—   —   chaîne crue, trame cuite... 3 1/2 %
—   —   chaîne et trame crues ..... 5 %
Bobin en grosses soies, la trame entre 25 et
   45 deniers............................... 5 %

Bobin en grosses soies. Pour les soies au-dessus de ce titre, le Conseil apprécie.

Nous devons constater qu'il y a eu de nombreuses réclamations des Chefs d'atelier contre l'insuffisance du déchet de 5 % pour les malines chaîne et trames crues : toutefois, l'usage n'a pas encore consacré un chiffre supérieur.

Art. 6.

Pour le tulle bobin, jusqu'ici aucun usage très précis n'a réglé la part de façon que le Chef d'atelier doit payer à l'ouvrier; elle a toujours été fixée par un accord spécial fait entre eux à l'avance, et cela tient à ce qu'il y a des métiers beaucoup plus avantageux les uns que les autres, parce qu'ils permettent une fabrication plus rapide; cependant, l'attribution à l'ouvrier de 45 % de la façon est ce qu'il y a de plus usité.

Pour les tulles à la chaîne, l'usage est de donner à l'ouvrier les deux tiers de la façon pour les articles unis ou courants, comme double corps ou simple damassé, et de lui donner trois cinquièmes pour les articles dits *quatre rangs* et à *cantres*. Nous devons toutefois constater qu'il y a de nombreuses exceptions, et que ce taux, vrai en théorie, ne l'est pas toujours dans la pratique.

Art. 7.

En tulle à la chaine, l'ouvrier devant, comme il est dit ci-dessous, payer le raccommodage de sa pièce, il est d'usage que le patron lui retienne le montant présumé du raccommodage, dont il est responsable vis-à-vis du Fabricant, sauf à régler quand la pièce est raccommodée.

Art. 8.

En tulle bobin, le patron fournit l'éclairage. — En tulle à la chaine, il ne fournit que les instruments d'éclairage. — Dans ces deux genres de tulles, l'enfilage de la chaine est à la charge de l'ouvrier. — En tulle bobin, l'ouvrier doit le montage et le démontage des bobines.

Art. 9.

En tulle à la chaine, l'ouvrier doit payer le raccommodage de sa pièce. — En tulle bobin, ce raccommodage est à la charge du patron.

Art. 10.

L'ouvrier qui quitte un métier, qu'il soit renvoyé ou qu'il se retire, doit remettre le métier en bon état, tel qu'il l'a pris, c'est-à-dire, en tulle à la chaine, faire passer les mécaniques et remonter les arcades et cordages cassés, s'il y en a. En tulle bobin, il doit le démontage des bobines.

4me CATÉGORIE

SECTION DE LA TEINTURE

ARTICLE PREMIER.

Les ouvriers au mois ont droit, en cas de renvoi, à une indemnité de 15 jours.

Les ouvriers et manœuvres à la journée, à 3 jours au taux de la journée qu'ils gagnent, s'ils sont depuis 15 jours au moins dans la maison.

ART. 2.

Les contremaîtres ont droit à un mois d'indemnité.

Les contremaîtres intéressés avec engagements ont droit à 3 mois, sans préjudice de l'indemnité que le Conseil pourra accorder lorsque les engagements auront été rompus, soit par le patron, soit par le contremaître.

SECTION DES APPRÊTS

ART. 3.

Il est accordé à tout ouvrier congédié, deux heures par jour, que cet ouvrier soit à la journée ou au mois, afin de lui permettre de se procurer du travail; ces deux heures seront facultatives à l'ouvrier, après en avoir averti le patron.

ART. 4.

La dédite est d'une semaine pour les ouvriers travaillant au mois, et de trois jours pleins pour ceux travaillant à la journée.

Toutefois, cette indemnité n'est due qu'autant que l'ouvrier a passé un mois dans l'usine.

Tout ouvrier qui quitte la maison où il travaille est tenu aux mêmes délais de congé.

5me CATÉGORIE

SECTION DE LA CONFECTION

ARTICLE PREMIER.

Toute pièce noire, habit ou redingote, nécessitant le passage d'une nuit pour son exécution, recevra une augmentation de 3 francs.

ART. 2.

Toute pièce de fantaisie, pardessus, jaquette, veston, nécessitant le passage d'une nuit pour sa livraison, recevra une augmentation de 2 francs par pièce.

ART. 3.

Toute petite pièce, pantalon et gilet, nécessitant le passage d'une nuit pour sa livraison, recevra une augmentation de 50 centimes par pièce.

ART. 4.

Les ouvriers qui seront occupés à la journée auront droit pour les travaux de nuit à une augmentation de 10 centimes par heure, entre neuf heures du soir et six heures du matin.

ART. 5.

Les ouvriers auront une heure et demie pour le repas du milieu de la journée, ce qui fixe la journée à dix heures et demie.

Art. 6.

Pour tous les articles d'apprentissage : contrat annuel mensuel, les prud'hommes tailleurs se serviront des usages établis dans les autres catégories dudit Conseil.

SECTION DE LA CHAPELLERIE

Art. 7.

En aucun cas il ne pourra être laissé de chapeaux pour compte à un ouvrier fouleur, approprieur, en cas d'accident ou de malfaçon. Les arbitres désignés par le Conseil apprécieront et fixeront le dommage et l'indemnité dus au patron, s'il y a lieu.

6me CATÉGORIE

CUIRS ET PEAUX

Ateliers et Boutiques.

Dans les ateliers et boutiques, les travaux se font généralement aux pièces, et la moyenne de la journée est de dix heures.

Après quinze jours de présence, en cas de renvoi ou de départ, les parties se doivent mutuellement une huitaine de trois jours; dans les embauches faites à la semaine ou au mois, la huitaine est de six jours pour les ouvriers à la semaine et de quinze jours pour ceux au mois.

Travail à domicile.

Le travail à domicile n'a pas de réglementation; toutefois, pour se quitter, les parties doivent se prévenir au moins une livraison à l'avance.

Tarifs.

La plupart des travaux se faisant aux pièces sont réglés par des tarifs : pour avoir force de loi, ces tarifs doivent être consentis et signés par des délégués autorisés des ouvriers et des patrons, ou mieux encore par les chambres syndicales ouvrières et patronales, s'il en existe.

Le dernier tarif, constitué régulièrement comme il est expliqué ci-dessus, annule les précédents concernant les mêmes travaux.

Journée moyenne.

Pour toutes les corporations de la sixième catégorie, à l'exception de celle des tanneurs et corroyeurs, la moyenne de la journée est de 4 à 5 francs, suivant appréciation.

Chômage et repasse.

Pour les ouvriers en fabrique ou ateliers travaillant aux pièces, le chômage momentané ne peut exister sans indemnité proportionnelle, à moins d'accidents au matériel de la fabrique.

Les ouvriers en chambre doivent être prévenus approximativement, au moment de la livraison de leur travail, du temps qu'ils auront à perdre; mais si le patron les déplace plusieurs fois sans résultat, en leur faisant espérer du travail toujours retardé, ils ont droit à une indemnité correspondant au temps perdu.

Règlements d'ateliers.

Les règlements d'ateliers ne font force de loi que s'ils ont été adoptés par les chambres syndicales patronales et ouvrières de la corporation.

Dans le cas de contestation à propos d'un règlement d'atelier imposé par le patron, le différend doit être tranché d'après les usages généraux de la corporation.

TANNEURS-CORROYEURS

Usages généraux.

Les ouvriers de cette corporation n'ont pas de huitaine et n'en demandent pas ; mais ainsi que cela se pratique dans la plupart des maisons, ils doivent être payés de la journée, quand ils sont renvoyés le matin au lieu de l'être le soir.

La journée moyenne est de 5 à 6 francs.

DISPOSITION GÉNÉRALE

Tout règlement d'atelier ou d'usine contraire aux lois et aux usages des corporations sera déclaré nul et non avenu.

Délibéré en assemblée générale le 1ᵉʳ juillet 1891.

Extrait du décret du 3 juillet 1806.

NAPOLÉON, Empereur des Français et Roi d'Italie,

Notre Conseil d'Etat entendu,

Nous avons décrété et décrétons ce qui suit :

Art. 129.

Pour empêcher à l'avenir et détruire, autant qu'il sera possible, le vol des matières dans les fabriques de Lyon, et le commerce illicite qui s'est fait par des gens vulgairement appelés *piqueurs d'once*, très expresses inhibitions sont faites à tous les Chefs d'atelier, mouliniers, écacheurs et fileurs d'or, et généralement à toutes sortes de personnes de quelque sexe et âge qu'elles puissent être, à qui les marchands fabricants donnent à travailler et préparer des matières, d'exposer en vente, vendre ou échanger, engager ou retenir, ni d'acheter les uns des autres, sous prétexte de déchets ou autrement, les soies, dorures et autres matières qui leur sont confiées pour préparer et manufacturer, à peine, contre lesdits Chefs d'atelier, mouliniers, écacheurs et fileurs d'or, plieurs de soie, dévideuses et autres personnes, d'être poursuivis comme voleurs. Pourront néanmoins, les marchands fabricants, réclamer les soies, dorures et autres matières saisies lorsqu'ils justifieront qu'elles leur appartiennent.

Art. 130.

Mêmes défenses sont faites à tous teinturiers de vendre clandestinement, soit par des agents secrets ou autrement, une ou plusieurs parties des soies et matières qui leur sont confiées pour teindre, ainsi que les échanger, engager ou retenir, à peine, contre lesdits teinturiers contrevenants au présent article, d'être poursuivis comme voleurs. Lesdites soies et matières seront rendues aux marchands fabricants lorsqu'ils justifieront qu'elles leur appartiennent, ainsi qu'il est dit à l'article précédent.

Art. 136.

Le Conseil de Prud'hommes est autorisé à faire toutes recherches nécessaires pour l'inspection qui lui est attribuée dans les endroits qui lui seront indiqués, même, suivant l'exigence des cas, chez toutes autres personnes qui ne tiendraient point à la fabrique et manufacture d'étoffe, en prenant néanmoins, à leur égard, des permissions particulières de M. le Maire et en se faisant assister d'un officier ministériel.

Pourra, le Conseil de Prud'hommes, saisir et enlever les soies, dorures et marchandises qui seront trouvées en contravention, lesquelles seront remises, avec les procès-verbaux qui en seront dressés, au greffe du Tribunal de Commerce, dans les vingt-quatre heures, à peine de nullité, pour être ensuite statué par ledit Tribunal sur lesdites contravations, ainsi qu'il appartiendra, en conformité du présent règlement et sur la poursuite du Conseil de Prud'hommes.

LYON, IMPRIMERIE A. BONNAVIAT, RUE SAINTE-CATHÉRINE, 13

www.ingramcontent.com/pod-product-compliance
Lightning Source LLC
Chambersburg PA
CBHW061349050726
47595CB00005B/2153